JN408748

회상의 나래

飛蓋

회상의 나래

한시용 제5 시조집

해암

| 시인의 말 |

인생이 익어가면 추억에 산다고
하였던가!

반평생을 학교의 울타리 안에서
보내었습니다.

눈 감으면 지난 일이 주마등처럼
떠오르고 그리움이 파도칩니다.

그동안 보내주신 격려와 성원에
깊은 감사의 말씀을 올리며

제5 시조집 상재의 기쁨을
사랑하는 가족들과 나누고 싶습니다.

2022년 3월 2일

한 시 용

차례

1부 백록담

2부 섬마을 선생님

차례

3부 무궁화

4부 상생

차례

5부 석양

1부
백록담

백록담

한라산 저 봉우리
스쳐가는 흰구름아

백록의 깊은 사연
너는 모두 잘 알겠지

둔덕*아
말좀 해다오
꽃사슴의 소식을

*둔덕 : 한라산 제일 높은 봉우리

정방폭포

기암절벽 병풍 치고
비단 한 폭 펄럭인다

물안개 피어올라
무지개 다리 놓고

서귀포
사랑 노래가
하얗게 구성지네

소천지

바닷가 바윗돌로
검은 테 둘러 치고

호수같이 누운 명경
구름이 일렁인다

육지가
그리울 때면
한라산도 품어 보고

천지연 폭포

저밤낭* 숲속에서
떨어지는 물줄기는

선녀가 걸어 놓은
옥빛의 치맛자락

물보라
피어오르며
무지개를 그린다

* 저남방 : 모밀잣밤나무 제주 방언

자릿배

닻줄에 묶인 채로
만선을 꿈꾸다가

출항을 준비하여
등대에 물길 물어

새벽 별
바라보면서
파도를 헤쳐간다

부모님

비오는 날 우산 되고
바람 불 때 울이 되고

잎도 주고 열매 주며
아낌없이 주시었던

오로지
자식을 위해
희생하신 부모님

동창모임

지난 세월 코 흘릴 적
친구들의 웃음소리

동심의 어깨동무
함께하던 놀이마당

세월을
되새김질하며
무지개꽃 피운다

소꿉친구

어릴적 소꿉친구
만나서 마주 앉아

맘 놓고 사투리로
맞장구를 치다보면

어느새
웃음 사이로
시간 가는 줄 모른다

삼베옷

고향집 옷장 서랍
조심히 여는 순간

삼베적삼 삼베바지
무더위에 입으라고

어머님
길쌈 바느질
촘촘하게 기어간다

용두암

바닷가 용 한마리
옥구슬을 훔쳐 물고

하늘로 오르려다
화살 맞고 돌이 되어

내 뱉은
옥구슬들이
파도에 떠다니네

제주의 봄 풍경

꽃피고 새가 울면
모두가 나비되어

한파에 움츠렸던
올레길이 왁자하다

한라봉
당신의 봄은
어제쯤 오시려나

제주의 봄

올레길 코스마다
유채꽃 만발하고

휘파람새 노랫가락
발걸음이 가볍구나

초원에
망아지들은
한가롭게 풀을 뜯어

제주의 여름

낮에는 바닷바람
밤에는 산바람이

아니온 듯 스며들어
더위를 식혀주고

물안개
자욱한 해변
물새들이 울고 있다

제주의 가을

돌담울 과수원엔
밀감이 무르익고

중산간 넓은 초원
억새꽃 춤을 추며

한라산
윗세오름엔
단풍이 절정이다

제주의 겨울

한라산 봉우리는
흰 눈 덮어 잠을 자고

눈밭에는 노루들이
숲속 나와 뛰어다녀

함박눈
내리는 날엔
오름들도 외롭다

연락선

이별과 눈물 싣고
무정하게 달려가는

냉정한 네 모습에
갈매기가 울고 있다

가거든
사랑을 싣고
어서 빨리 오너라

무인도

바람 불고 비 오는 날
찾아 오는 사람 없고

갈매기만 오고갈 뿐
너는 항상 외롭구나

그리움
다 쓸어 안고
육지만 바라보네

수평선

노젓는 내 마음을
너는 어찌 알겠냐만

일자로 획을 긋고
다가서면 멀어지는

닿을 듯
닿을 수 없는
신기루 저 수평선

보리밭 단상

아지랑이 아물대는
보리밭 하늘위에

노고지리 날아 올라
지지배배 노래하고

소녀는
이랑에 앉아
달래 냉이 캐고 있다

몽당연필

어릴 때 쓰던 연필
잘 닳고 잘부러져

잡히지 않을 때는
탄피에 꽂아 썼다

그래도
다 쓰고 나면
버리기가 아까웠지

추억

이유 없이 가고 싶은
그곳이 있습니다

까닭 없이 보고싶은
얼굴들이 있습니다

절절히
들려주고 싶은
이야기가 있습니다

회상의
나래
飛蓋

2부

섬마을 선생님

섬마을 선생님

이미자 노랫가락 한창이던 그 시절에
산골학교 발령 받고 외로움 달래면서
섬마을
선생님 노래
주인공처럼 불렀다

해당화 피고 지는 섬마을의 선생인 듯
젓가락 장단맞춰 부르던 옛 노래가
아련히
가슴에 젖어
그리움이 사무친다

교직에 첫 발

발령장 받아 들고
버스타고 산을 돌아

물어 물어 찾아 간 곳
두메산골 작은 학교

교문에
이남국민학교
첫 발을 들여 놓다

사범학교 입학시험

사범학교 입학시험 열심히 치르는데
등을 치는 사람 있어 머리를 들어보니
시험지 잘 읽어 보라며 감독관이 지나간다

감독관님 말씀 따라 문제를 다시 읽고
보기에서 정답 골라 답안지를 정정하여
합격의 통지를 받고 영광스레 입학하다

세월이 흐른 지금 잊을 수 없는 사람
그 시험장 감독관님 어느 곳 하늘 아래
고마운 마음 한 가닥 전할 길이 없구나

첫 시범학교 운영 보고회

햇병아리 교사 시절
시범학교 업무 맡아

나름대로 연구 추진
성과 발표 보고회장

개천에
용이 났다는 강평
교직 생활 큰 도움

스승 1

학생들의 잘못을 따끔히 나무라고
충동적 언행 삼가 칭찬으로 지도하며
올바른 가치와 덕목 가슴 속에 심어준다

언제나 학생의 말 귀담아 들으면서
내미는 손을 잡고 안내자로 촉진자로
미래의 꿈과 희망을 북돋으며 기원한다

험한 산도 앞서 올라 체험담 들려주고
열매 하나 열리기를 묵묵히 기다리며
리더의 머나먼 길을 외로이 걸어간다

스승 2

스승의 그림자도
밟지마라 하는 옛말

곰곰히 생각하니
부끄럽기 그지 없다

스승의
크신 은혜에
보답 한 번 못했으니

스승 3

초등학교 은사님이
전화가 걸려왔다

안부를 묻기전에
내 안부를 먼저 물어

격려의
말씀까지도
존경하는 스승님

직무수행

독단적 직무수행
의견이 분분하고

시행착오 번복으로
동료들 등을 보여

사전에
의견 수렴이
업무수행 큰 도움

수업참관

결점을 감싸 안고
장점을 칭찬하며

보여주고 들려주어
스스로 느끼게하는

교사의
수업 연구가
교실 수업 개선되길

제자들과의 해후

제자들의 동창 모임 초청 받고 참석 좌정
일일이 다가와서 인사하며 자기 소개
모두들 청년이 되어 옛 모습이 아리송

분위기가 익어갈 때 한 놈이 일어서서
선생님 회초리에 손바닥을 맞았어요.
모두들 껄껄 웃으며 내 얼굴을 쳐다본다.

경쟁이나 하는 듯이 또 한 놈이 일어서서
선생님은 잘 가르치고 우리들은 잘 배워서
밀양군 학력평가에서 3위를 했잖아요

교직 회고 1

사십여년 교직 생활 병가 없음 결근 하루
앞만 보며 재촉한 길 지금와서 생각하니
반평생
선생님으로
후회 없이 살았다

사랑으로 지도 할 걸 믿음으로 보살필 걸
잘한 것은 안보이고 아쉬움만 그득한데
이제야
뉘우쳐 본 들
무슨 소용 있으리

교직 회고 2

때가 되어 교감 되고
때가 되어 교장 되어

꿈으로 가득한 날
부풀었던 교직 생활

한송이
꽃이 되고픈
그런 날도 있었다

회상의 나래

생각을 곱씹다가
손에 든 편지 한 통

초롱한 맑은 눈빛
빙그레 웃는 얼굴

잊었던
제자들 모습
날개 펴고 날아든다

회상 1

흘러간 세월 헤며 발자취 더듬다가
우연히 서랍 속에 빛바랜 편지 몇 통
얼굴은
잊었지만은
내 행적을 알려준다

편지의 주인공들 훌륭하게 자라서
이 나라 어느 곳에 재목으로 서 있겠지
아무렴
그대들 삶에
행운이 가득하길

회상 2

교단에서 안보이던
내 눈이 달라졌다

만나는 아동 모두
귀엽고 예뻐보여

내 다시
현장 갈 수 있다면
사랑으로 보듬으리

제자의 편지

연초록 마음 담아
고사리손 접은 편지

풋내음 아련함이
마음 열고 다가온다

빛 바랜
추억들이여
흘러간 세월이여

그 자리

한 시절 즐거웠던
떠나온 그 자리엔

푸르른 새싹 돋고
꽃향기도 드높겠네

지금쯤
탐스런 열매
주렁주렁 열였겠지

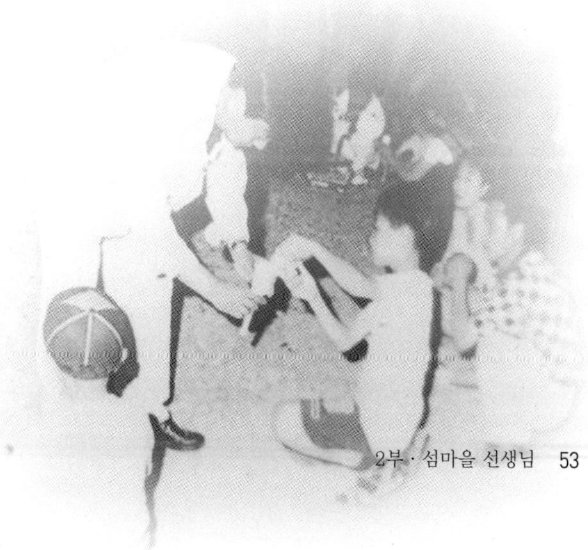

미소작전

토라진 학생에게
다정히 등을 치고

시무룩한 학생에게
눈웃음 보내며는

당장은
아니더라도
내 가까이 오더라

음악시간

즐거운 음악시간
선생님은 풍금 타고

학생들은 반주 맞춰
열심히 따라 불러

건반 위
선생님의 손
리드미컬 움직인다

가을 운동회

만국기가 펄럭이는
가을철 대운동회

운동복 갈아입고
청군 백군 머리띠를

응원의
함성소리가
운동장이 떠나갈 듯

칠판

책상 너머 교탁 너머
정면엔 태극기가

분필과 지우개를
언제나 갖춰놓고

학생들
발표장 되고
주요 내용 판서하고

교탁

교단 앞 높은 탁자
눈동자 모이는 곳

선생님은 질문하고
학생들은 발표하고

배울 것
한 상 가득히
차려놓고 지도한다

60년대 도시락

점심시간 둘러 앉아
펼쳐 놓은 도시락 속

보리밥에 무우김치
그것이 전부였다

어쩌다
멸치볶음이
특찬으로 인기였어

훈화

운동장에 줄을지어 열중쉬어 자세로서
맑은 눈빛 시선들이 내 얼굴에 집중하다
어린이
이천팔백명
무슨 말로 감동줄까

책을 읽고 감명받은 이야기를 주제 삼아
성인들의 말씀까지 알기쉽게 풀어 섞어
머리를
끄덕이도록
가슴속에 심는다

3부

무궁화

곡학아세

국회의 국정감사
정치적 이용으로

본질은 어디 가고
설전만 오고 간다

위선자
옆길 걸어와
아첨발언 쏟아내

원칙

사회가 위기일 때
원칙만이 지름길

내 할 것 다하면서
원칙대로 사는 사람

인품이
향기로움에
엄지 치켜 세운다

무궁화

무궁화야 무궁화야
곱게 곱게 피어라

한라에서 백두까지
방방곡곡 화려하게

피다가
물 모자라면
한강물을 떠다 줄게

법 속의 무법

법무 산하 고위 공직
법질서 무시하고

힘으로 밀어붙여
극성을 부리면서

간극을
좁히지 않고
이 나라를 흔든다

마스크의 위력

코로나 바이러스
세계를 강타하고

전쟁을 방불케하는
미물과의 추적 싸움

전국민
마스크 쓰고
방어 태세 갖추었다

궤변

코로나 걸린 자신
신의 축복 운운하고

거짓의 신자들만
코로나에 걸린다는

그 말을
믿어도 될까요
친애하는 여러분

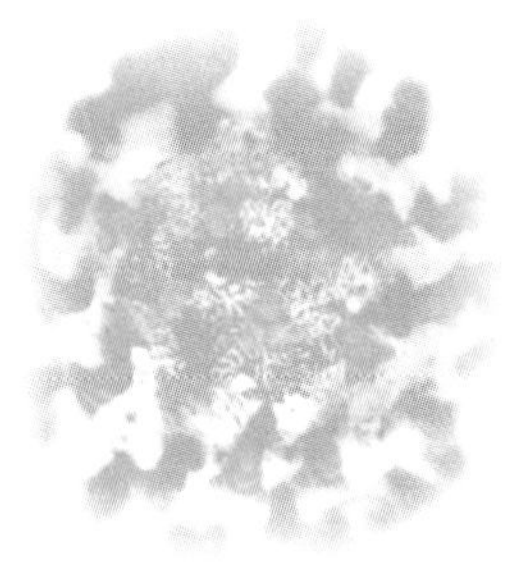

바둑판

영역을 넓히려고
백집 짓고 흙집 지어

삼국지 지혜모아
상대를 공격하는

네모진
바둑판 위에
두 시선이 빛난다

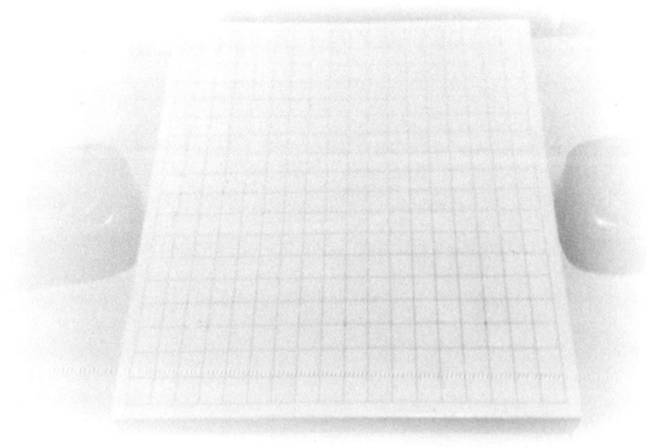

정치인들에게

니 편 내 편 편가르기
싸움을 하지 말고

구시대의 동인 서인
역사를 답습말고

서로가
화합하여서
국난극복 하시길

절박한 일상

등 굽은 할아버지
손수레를 끌고간다

대문 앞 내어 놓은
종이박스 폐품 싣고

하루의
절박한 일상
한숨으로 채우며

좋은게 좋다는 말

좋은게 좋다는 말
대화중에 많이 등장

이리보면 아부 같고
저리 보면 관용 같고

이 말을
들을 때마다
너그러움 느껴진다

기러기 떼

기럭기럭 기러기 떼
질서 정연 협동 단결

구만리 장천길을
한 마리도 이탈 없이

신의의
행동 통일로
한데 모여 날고 있다

흐르는 물은 얼지 않는다

웅덩이에 갇힌 물은
강추위에 꽁꽁 얼고

도랑에 흐르는 물
영하에도 얼지 않아

찬물도
운동을 하면
어혈이 풀리나봐

산불

산 정상 탈환하듯
불꽃튀며 포위공격

바람은 불씨 물고
폭탄처럼 날아가고

한 순간
누구의 실수
잿더미로 남았네

항아리 소리

속이 찬 항아리는
둔탁한 소리내고

속이 빈 항아리는
소리가 청량하다

사람도
마음을 비우면
맑고 밝은 소리 나지

가뭄에 단비

메마른 대지 위에
옥구슬 굴리는 듯

빗금치며 소리내어
생명수를 뿌려준다

저 멀리
들판의 친구
달래주리 시름을

억새

바람부는 가을 들녘
허옇게 파도치며

온몸을 흔들어서
서걱이는 슬픈 울음

전생을
참회하는가
하늘 보고 땅을 치며

장산에 올라

억새꽃 춤을 추는
장산 정상 올라보니

발 아래 푸른 바다
하늘에 흰구름이

세상이
아름답기로
천사만사 꿈이런가

보슬비

짙뿌연 하늘에서
소리없이 내리는 비

안개가 자욱하고
바람도 고요하다

빗속에
그리움 싣고
마음속 젖어드네

징검다리

물 속에 발 담그고
물 위에 등 내밀어

이쪽 저쪽 이어주는
막중한 헌신봉사

여럿이
밟고 지나도
너그럽게 조심 당부

송구영신

제야의 종소리에
지난 삶 돌아보고

동트는 새벽녘에
새해 소망 기원하며

신년의
희망봉 향해
첫걸음을 디딘다

4부

상생

상생

석탄절 축하 전언
성당에서 보내오고

성탄 축하 현수막이
석태암에 걸려 있다

서로가
상생의 길을
자비 사랑 꽃피우리

부처님 얼굴

불국정토 염원하는
부처님 얼굴에는

자비를 깨우시는
미소가 숨어 있고

중생들
걱정하시는
눈빛이 거룩하다

태풍

매서운 바람소리 나무들이 부러지고
버티며 할퀸 상처 날아가 널부러져
구름도
한편이 되어
장대비를 쏟는다

바람의 큰 호령에 바다가 불뚝성을
포효하며 뱃길 막고 덮칠 듯이 달려드는
해변의
바위섬들은
숨막힐 듯 자맥질

천둥

번개가 꾸짖은 뒤
천둥이 야단친다

무슨 잘못 있었기에
저리도 큰 소리를

혹시나
뒤돌아보는데
용서한 듯 지나간다

추석 명절 2

코로나 비상시국 거리두기 동참하여
추석 명절 차례상 앞 가족끼리 오붓하게
모두가
여유로움에
음복주를 마신다

일가친척 대면 못해 섭섭함도 있지마는
올 추석 분위기가 이구동성 선호 조짐
이것이
계기가 되어
명절 풍속 바뀔라

연리지 3

바람에 흔들리며 몸을 스친 인연으로
헤어지지 말자하고 팔을 걸어 피를 나눠
이웃을
잘 만난 덕분
한 몸 되어 살고 있네

네 것이 내 것이고 내 것이 네 것이다
부부의 사랑처럼 나누며 살고 있는
두 마음
한 마음으로
행복하게 잘 살기를

미련

– 어느 여승의 사연을 듣고

먼 곳에 앉아 있어
그리움이 많겠지만

마음을 비우며는
외로움도 없을진대

흔적의
끈을 잡는건
어리석음 아니던가

매일 기도

우리 가족 모두에게
건강을 주시옵소서

큰아들 행복한 삶
누리도록 도와주소서

손주들
심신이 건강하고
훌륭하게 키워주십시오

쓰러진 동백나무

산책길 동백나무 태풍에 못 버티어
뿌리가 반쯤 뽑혀 목이 말라 죽어간다
불쌍해
일으켜 세워
받쳐주고 물도 주고

이듬해 어느 봄날 기대의 새싹 돋아
고맙다고 인사하듯 겨울에 꽃을 피워
산책길
오고 가면서
마주보며 즐겁다

거울

세수하고 제일 먼저
내 자신을 만나본다

무심히 흐른 세월
낯설은 내 자화상

정녕코
속이지 않는
왜곡없는 투명이여

기다림

무더운 여름이면
가을을 기다리고

눈오는 겨울이면
봄이 오길 기다려져

오늘도
등불을 켜고
좋은 소식 기다린다

자랑

백합꽃은 순백으로
자신을 자랑하고

사과나무 열매 익혀
자신을 자랑하며

사람은
지 덕 체 재능 쌓아
자신을 자랑한다

부처님과 마주치면

법당문 옆문으로
부처님과 마주치면

자비로운 눈빛으로
조용히 미소 짓는

일체는
유심조인가
이심전심 기분좋다

당신의 손을 바라보며

젊어서 곱던 손이
어느새 주름져서

집안걱정 자식걱정
애처롭게 늙었구려

모두가
내탓이라오
말하자니 목이 메인다

손자와 핸드폰

인형이 말을 해요
뽀로로가 놀자 해요

재미 있는 이야기도
노래까지 들려줘요

나하고
가까운 친구
핸드폰이 제일 좋아

아기의 마음

천진스레 웃는 모습
아기의 마음이고

티 없이 맑은 눈빛
아기의 마음이며

순수한
아기의 마음
꽃보다 아름다워

엿듣기

산책길 걸어가며
등 너머로 훔쳐들은

아줌마들 주고 받는
찬거리 이야기엔

구수한
된장국 냄새
먼 길까지 풍긴다

석태암 2

언제나 찾아가도
마음이 편안하고

광명을 발하시는
환희의 기도도량

간절한
염불소리가
장산계곡 울린다

잘될거야

잘될거야 잘될거야
우리 모두 잘될거야

서로가 힘을 모아
조금만 노력하면

모두가
잘되는 날이
우리 앞에 올 거야

회상의
나래
飛蓋

5부

석양

석양

서산마루 걸린 석양
하루를 마감하며

붉게타는 고운 여운
서녘하늘 걸어 놓고

마지막
정열을 다해
태평가를 부르네

봄날

햇빛이 눈부시고
새소리가 들려옵니다

꽃들이 피고지고
나비가 날아듭니다

꽃구경
봄나들이가
기쁨으로 충만합니다

가을

억새꽃 하얀 머리 외로움 파고들면
무심한 바람결에 날리는 나뭇잎들
푸른날
나누던 정이
어느새 이별인가

녹음 떠난 자리마다 하늘빛 쏟아지고
가로수 은행잎이 바람에 굴러간다
서산에
외기러기가
슬피울며 날으네

가을 햇살

눈부신 가을빛에
세상이 익어간다

산들도 익어가고
벌판도 익어가고

황금빛
가을 햇살에
너도 나도 익어간다

만추

쓸쓸한 오솔길 섶
붉게 물든 황혼 낙엽

노을을 부여잡고
바람에 날리누나

가을은
여위어가고
새소리가 슬프네

담쟁이

적벽에 기어 올라
수채화를 그려내는

쟁이다운 그림 솜씨
살아 있는 그림 한 폭

계절이
바뀔때 마다
벽화 채색 달리한다

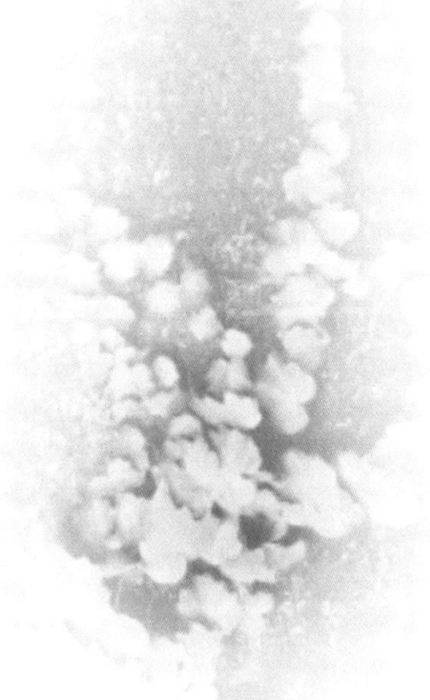

동백꽃 1

백설이 휘날리고
바람도 차디찬데

동지섣달 긴긴 밤을
인고로 지새우며

그 고통
아랑곳 없이
방긋방긋 웃고 있다

동백꽃 2

꽃들이 다 진 겨울
무슨 사연 그리 많아

저토록 고운 얼굴
하필이면 이 엄동에

동박새
가슴 설레게 하는
티 없이 붉은 입술

을숙도 1

바다와 낙동강물 어우르는 갈대 숲에
흰 갈매기 집을 짓고 철새들은 행장 풀어
모래톱
물안개 속을
자박자박 걷고 있다

땅거미 진 강물 위에 스멀대는 붉은 노을
우짖는 새들 울음 갈대는 호곡하고
철새떼
날개짓하며
보금자리 찾는다

을숙도 2

잔물결 은물결이
윤슬로 번쩍이고

갯버들 늘어져서
봄 볕을 즐기는데

버들치
노는 웅덩이
왜가리가 날아들어

을숙도 3

갈대숲 길 걸어가면
찔레꽃이 마중하고

모래톱 물가에는
철새들이 놀고 있다

여기는
새들의 낙원
발걸음이 조심되다

구절초

들길에 뿌리 내려
빼꼼히 쳐다보는

가냘프게 웃는 모습
정을 끄는 저 얼굴

향기도
그윽하구나
가을 나비 날아드네

귀뚜라미

깊어가는 가을밤에
귀뚜라미 귀뚤귀뚤

독서의 계절이라
책을 읽고 있는 걸까

불빛도
달빛도 없는
고요한 이 한밤에

철없는 개나리

소한도 지나가고
첫눈이 내렸는데

개나리가 활짝피어
봄인줄 착각하네

세상이
이러다보니
꽃들마저 정신없다

감국

갈바람 불어오는
길섶에 숨어 피어

노랗게 웃는 얼굴
청순하고 고결하다

향기에
발길 멈추고
너에게로 다가선다

대천호수

푸른 가슴 열어 놓고
하늘 품고 산도 품어

잉어떼는 구름타고
산을 돌며 곡예 펼쳐

구경꾼
물오리들이
사방에서 날아든다

노송

척박한 산과 들에 한 세상 뿌리 내려
연륜을 증명하듯 골 깊이 패인 주름
저 하늘
괴어 받치며
굳굳하게 서있네

눈보라 몰아쳐도 피할 곳 전혀 없고
몇백년을 버텼는지 온 몸에 각질 투성
그래도
건강한 자태
우리들의 기상일세

불꽃 축제장

밤하늘에 솟아 오른
불띠가 꽃이 피고

바다위 절벽 난간
불빛폭포 쏟아내려

황홀경
경탄의 함성
하늘 높이 날아간다

지는 꽃 1

지는 꽃을 바라보니
세월이 무상하다

새순 돋아 꽃이 되어
무심히 지고 마는

화무는
십일홍이요
꽃가지도 손 흔들어

지는꽃 2

활짝 핀 살구꽃이
곱기도 하더니만

빛바랜 주름살이
바람길 따라 진다

꽃들은
무심히 지고
나비들은 서럽다

걱정

걱정도 팔자련가
끊임없이 이어지는

먼 훗날 후손들이
잘 사는 세상 오길

백년도
못 사는 인생
천년 뒤를 걱정하네

회상의
나래
飛蓋

고사리손 편지

한채원 그림

1학년 **강주희** 편지

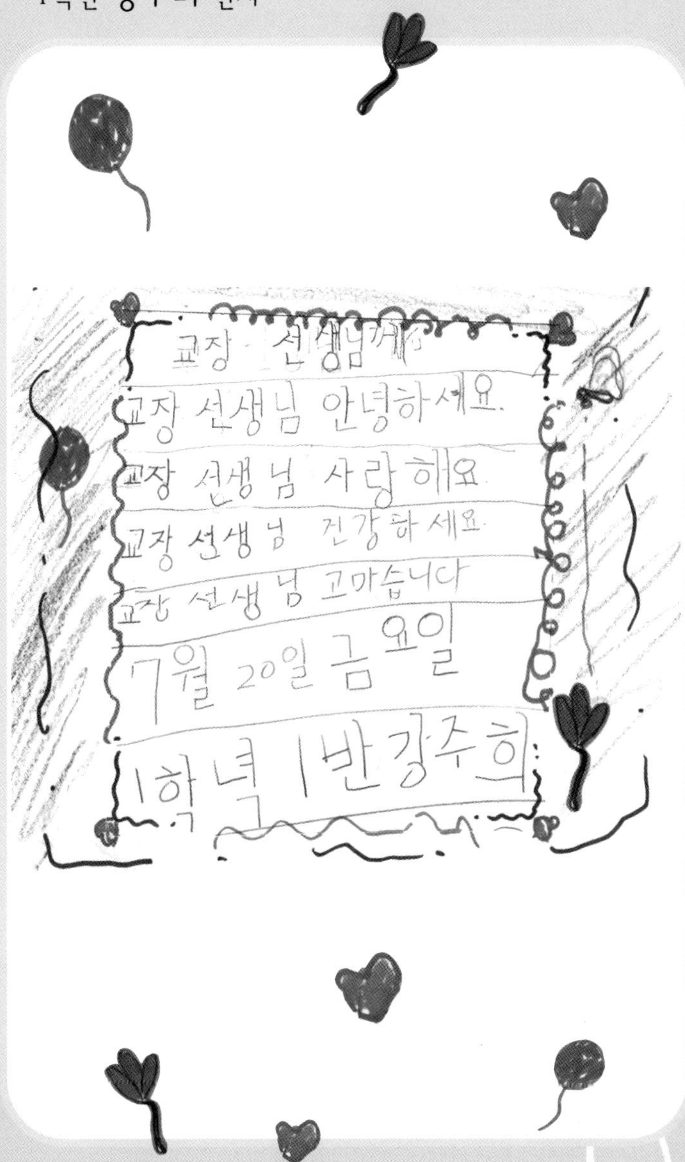
교장 선생님께

교장 선생님 안녕하세요.

교장 선생님 사랑해요

교장 선생님 건강하세요.

교장 선생님 고마습니다

7월 20일 금요일

1학녁 1반 강주희

2학년 이동엽 편지

Flower Beige!

You can hardly make a friend in a year
but you can lose one in an hour.

교장 선생님께

스승의날 맞이하여 축하드립니다

안녕 하세요.

저 이 동엽이에요

교장 선생님

바른자세 바른생활 하는

열심히 공부하는 훌륭한 사람이

되게끔 열심히 노력하겠습니다

2001년 5월 16일

2학년 10반 이 동엽이

올립니다

건강 하십시오

2학년 **한슬기** 편지

교장♥선생님께

교장 선생님 저는 2학2반 슬기예요. 이제 떠나시죠 건강하시고 행복하게 사세요. 그리고 저요 교장선생님께서 항상 웃는 모습이 정말 멋있었세요. 교장선생님 사랑해요.♥ 행복하게 사시길 바랍니다. 저 잊지마세요. 친구들도

2학년 2반 한슬기♥

2학년 **태희** 편지

교장 선생님 께...

교장 선생님 지금 까지 재미있는이야기를 해주셔서 감사 합니다. 그런데 여름방학이 토요일 인데 교장 선생님의 재미있는 말씀을 못들어서 여름방학에 재미가 없을것 같아요. 그리고 다음에는 더욱더 재미있는 이야기를 만들어 주세요. 교장선생님 건강하세요

2007년 7/20 태희올림

2학년 유예린 편지

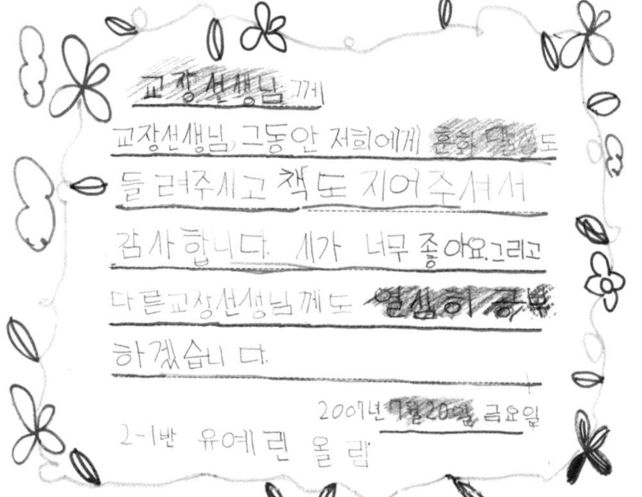

교장선생님 께

교장선생님, 그동안 저희에게 훈화 말씀도
들려주시고 책도 지어주셔서
감사합니다. 시가 너무 좋아요. 그리고
다른교장선생님께도 열심히 공부
하겠습니다.

2007년 7월20일 금요일

2-1반 유예린 올림

2학년 **고재혁** 편지

교장선생님께

지금까지 우리들에게 재밌고 항상 지혜로운 이야기를 많이 들려 주신 덕분에 저는 많은것을 알게 되었어요. 정말 감사드려요. 그리고 평생 건강 하길 바래요.

2007년 7월20일

고재혁드림

3학년 **정소영** 편지

교장선생님~ 안녕하세요 저는 3-2반 정소영이라고 합니다
교장선생님께서 웃으시는 것을 보았어요 너무 즐거우신 것 같았
어요. 항상 웃음을 머금고 다니시니까 항상 볼 때 마다
기분이 좋아져요 그리고 교장선생님~ ♡ 선생님께서 쓰신
가을 편지 말이예요. 너무 재밌었어요. 교장선생님 짱!! 다른
학교로 가셔도 예쁜 제자 소영이 기억해주세요.♥

교장선생님 I Love you♥

-소영 올림-

4학년 서수림 편지

감사드립니다.

교장 선생님께

4학년 3반
서수림

"안녕" 교장 선생님. 안녕하십니까?
저는 4학년 3반 서수림입니다.
교장선생님 께서 퇴임하신다니 참 아쉽네요.

그동안 교장선생님께서 들려주셨던 이야기
하나하나가 아직 지워지지 않고 그대로
새겨 있습니다.

선생님께서 이야기를 들려 주시면
슬픔도, 괴로움도 다 지워지더군요.

그런데요 교장선생님께서 퇴임하시면
이제 제 마음을 다스려줄 이야기가
많이 없어 아쉬울것 같네요.

그동안 저희에게 많은 이야기
들려 주셔서 감사하고, 퇴임
하셔서도 항상 건강하시고,
저희 와경초등학교를 잊지
말아 주세요.

그럼 항상 건강하시기를 ....

서수림 드림

4학년 신수민 편지

교장 선생님께

4학년 3반 신수민

교장 선생님

이제 방학 끝나면 정년 퇴임 하시는
교장 선생님,
이제 편히 쉬세요

우리에게 들려준 격려 말씀
그것이 매우 도움이 됐어요.

선생님께서 써 주신 시
선생님도 어린아이 같은 생각을
한다는 것을 알았어요

선생님이 떠나도 나는 선생님께서
들려준 말씀과 선생님이 써 주신
시는 잊지 못할거에요

선생님, 앞으로 행복하세요

저도 시로 편지를 보낼게요.

4학년 장미진 편지

교장선생님 께

존경하는 교장 선생님!
저는 4학년 3반 장미진입니다.
계절의 여왕 5월에 스승의 날을 맞아 인자하신 선생님을 생각하였습니다. 선생님께서는 우리가 인사할 때마다 "어, 그래" 하시며 정다운 손짓과 얼굴에 미소를 가득 지으시고 인사를 받아 주시면 우울했던 기억이 싹 사라지고 마음이 즐거워 진답니다. 우리가 인사를 해도 표정도 없이 고개만 끄덕하시던 예전의 교장선생님과는 너무나 비교가 되었습니다. 인사를 해도 아무 대꾸도 없으시고 무뚝뚝하게 받아 주시는 선생님도 계신데 이럴때면 제 마음도 괜히 시무룩해진답니다. 그래서 인사는 하는 것도 중요하지만 잘 받아 주는 것도 중요하다고 생각하였습니다. 선생님께서는 인자하시고 행동에는 친절함이 베어 계셔서 상대방을 참 편안하게 하고 기분좋게 하시는 분이라고 느꼈습니다. 이 다음 제 기억의 페이지에 '참 좋으신 분'으로 기억되어 있을 것 같습니다. 그래서 저도 이다음에 교장선생처럼 남을 편안하게 하고 기분좋게 하는 훌륭하고 인자한 인품을 지닌 그런 사람이 되려고 다짐했습니다.

한 번을 해도 두 번을 해도 우리 모두에게 한결 같이 반갑고 다정하게 인사를 받아 주시는 '교장선생님, 존경합니다. 사랑합니다.!!!'

2004년 5월 15일

장 미 진 올림

5학년 이수연 편지

교장 선생님 안녕하세요?

작년에 글을 올렸는데 올해도 또 펜을 잡았습니다.

1년에 한번 뿐이지만, 그래도 교장선생님께 글을 드릴 수 있다는 것이 무척 기쁩니다

올해는 5학년 6반 입니다.

1년만 있으면 반여의 최고의 언니가 된다는 것이 무척 기쁘기도 하고 두렵기도 합니다.

어린 마음에 떼를 썼던 축구부는 안하지만 태권도를 열심히 하고 있습니다

작년에는 학교 대표로 나가서 최고 상도 받았는데, 올 봄에는 감기 몸살이 심해 나가지 못하였습니다.

무엇이든 열심히 하는 것도 좋지만 우선은 몸이 건강해야 한다는 것을 새삼 느꼈습니다

교장 선생님께서도 저희 학교를 위해 열심히 하시는 것도 좋지만 일단은 건강도 챙기면서 하세요

어려운 일 있으셔도 기운잃지 마시구요 저같은 학생이 항상 지켜보고 있다는 점 기억해 주세요

그리고 저희 반여초가 부산에서 최고가 될수있는 학교로 이끌어 주세요 그러기 위해서는 저희도 공부와 모든것을 잘해야 되겠지요.

이것저것 하고 픈 것이 많아 방송부에도 들었는데 담임 선생님께서 너무 많은 것을 욕심내면 제대로 하지 못한다고 하셔서 방송부는 그만 두

Cello&
Viola

있습니다 그래도 전 하고 픈것이 너무 많습니
다 그리고 다 잘해 나갈수 있을 것 같은데... 제
욕심이 너무 많은 걸까요?
아니면 제가 너무 어린아이일까요?
어릴수록 꿈과 욕심이 많다고들 하잖아요 그
래도 전 이것저것 다하고 싶은데......
교장선생님은 어릴때 어떠하셨어요?
언젠가 시간이 나시면 교장 선생님의 초등교시절
을 저희 교실에 오셔서 꼭 들려 주세요.
그리고 작은 것이지만 교장선생님을 위해 손수건을
준비했습니다
저희들을 위해 열심히 뛰시는 것만큼 흘리시는 땀도 많
으실텐데. 꼭 주머니에 손수건을 넣고 다니시면서
땀 닦으세요 항상 건강하시구요 매일 매일 새로
운 나날되시길 기도 드리면서 이만 펜을 놓겠습니다

2001년
5月14日

이수연 올림

ORANGE STORY

5학년 전헌우 편지

사랑이란.....
가끔씩은 사랑해서 마음이 아파...
이런게 사랑일까?
행복해야 하는데 왜 마음이 아픈걸까....
하지만 너에게 언제나 환하게 웃어주고 싶어...

To 교장선생님

안녕하세요. 교장선생님. 처음으로 교장 선생님께 편지를 써봅니다.
글씨가 많이 이상해서 보시기 어려우시더라도 예쁘게 봐주십시오
오랜 세월 동안 교단에 서계시며 학생들을 가르치셨는데,
이젠 퇴임을 하시니, 많이 아쉽습니다 교장선생님은 부드러우시고,
인자하셔서 이때까지의 교장선생님 중에서 가장 존경하고, 또 가장
좋아하는 선생님이셨는데...... 벌써 정년퇴임을 하시다니,
다른 학생들도 많이 슬프고, 아쉬워할것입니다
교장선생님, 이제 편히 쉬십시오 또 다른 인재들이, 또, 유능한 선생님들이
선생님의 자리를 채우고, 채울것입니다. 선생님이 떠날 줄어가시며,
덥고, 추워도 학생들을 가르치셨기 때문에, 선생님의 제자들은 선생님을
생각하고, 마음 깊이 간직하시며 열심히 살고있을 것입니다
교장선생님, 이제 마음껏 쉬십시오 교장선생님, 존경합니다!

2007. 7. 19 (목) 전헌우 올림

5학년 서지영 편지

우리 교장 선생님
5-1 서지영
우리 교장선생님은 멋쟁이시다. 멋진옷을입고 계신다
교장선생님 멋져요!
교장선생님 팬클럽
교장
교장선생님은 친절하시다 항상친절한 미소를하고 계신다
꺄~
아까 그 팬클럽
난 그런 우리학교 교장선생님이 자랑스럽다
교장선생님!
love
사랑해요!

5학년 **최영원** 편지

우리 교장선생님은...

5-1 최영원

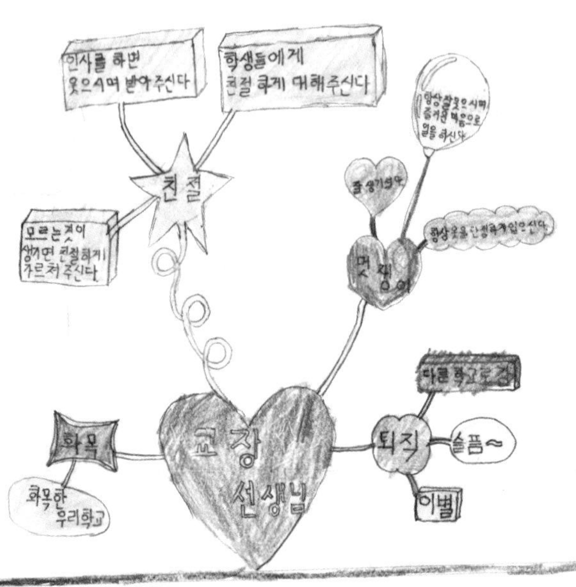

교장 선생님 께
교장 선생님 안녕하세요~
저는교장선생님 덕분에 잘지내고있는 5-1반 최영원이라고 합니다.
교장선생님~그 동안 정도 들었는데 우리 학교를 떠나신다니..
이별이라.. 눈물이 앞을 가리네요. 교장선생님은 정말 자랑스럽고
존경스러웠습니다. 그런데 그런 교장 선생님이 가신다니...
그럼 다른 학교에서도 그 인자하심을 보여주시고 건강하세요
그럼, 안녕히 계세요.

영원올림

5학년 **유정화** 편지

교장선생님께

안녕하세요? 선생님 저는 5학년 1반 유정화에요. 선생님, 저는 4학년 겨울방학이 끝나고, 개학식날 전학 와서 아직 우리학교에서 지낸지 6개월밖에 안됐어요. 그래도 교실의 TV나 선생님께서 쓴 책을 통해 선생님의 이름이 적힌 상장을 통해 선생님을 알게 되었어요. 교장선생님!! 벌써 여름이네요. 오늘, 교장선생님께서 8월달에 퇴임한다는 소식들었어요 제가 선생님을 알게된지 6개월밖에 되지 않았는데, 이렇게 떠나시니 정말 서운해요 그래서 교장선생님께 편지를 쓸려고 했어요. 그래도 이것만으로도 충분하지 못한것 같아서 '마인드 맵'도 준비해봤어요. 꼭 읽어주세요. 그리고 선생님, 더 많은 말을 드리고 싶지만, 마인드맵으로 보여드릴게요 그리고, 선생님!!! 선생님께서, 제가 여태까지 보았던 교장선생님들 중에 가장 좋으신 분이세요 ♡

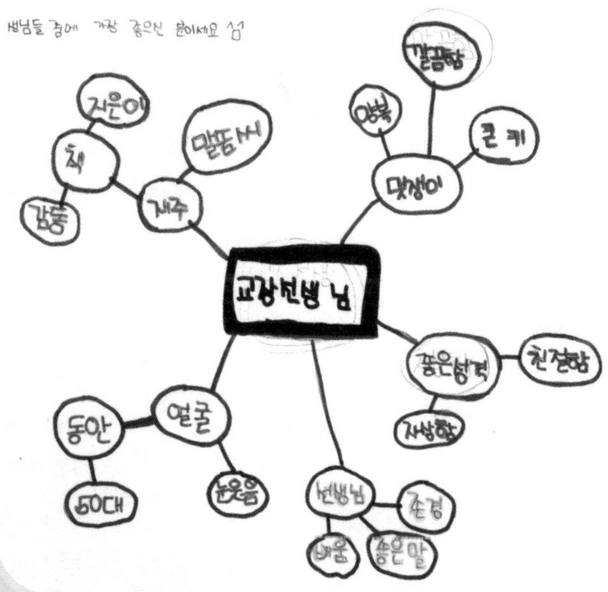

6학년 강신은 편지

Beautiful Memories

You're so beautiful
I'm in the mood for love
simple because
You're near me.

TO. 교장선생님께…

교장선생님 안녕하세요! 5학년때.. 아니 작년에 교장실 청소를
맡았던 강신은 입니다. 지금은 6학년 1반에 있습니다.^_^
교장선생님께서 지금까지 저를 기억해 주시니 정말 감사 합니다!
그리고, 교장선생님께서 주신 초콜릿 맛을 잊을 수가 없답니다.>_<
또, 매일 청소를 끝마칠때면… 웃으시며 수고했다는 정이 묻어나는
말씀 한마디에도 제 마음을 울릴 만큼 감사 했습니다.
사람이 그냥내 뱉은 말에 감동을 받을수도 있고, 상처를 받을 수도 있다고
하지요. 그처럼 늘 말 조심을 하라고 항상 선생님 께서 말씀
해 주셔요. 교장선생님께서는 그런 소리를 어렸을때에 많이
들어 보셨나 보네요. ^_^ 제 꿈이자 희망사항도 꼭! 훌륭한
선생님이 되는 거예요. 저도 교장 선생님 처럼 훌륭한
선생님이 될수 있겠지요? ^^ 노력하면 안 되는 것이 없다고
했지요? 선생님이 되려면 무척 힘들 겠지만… 언제나
열심히 최선을 다해 10년후, 20년 후의 내 자신을 생각하면
서, 공부 열심히 하겠습니다.

Life! know not thou art,
But know that thou and I must part;
And when, or how, or where we met...

자랑스러운 우리 학교의 선생님이 되면 더욱 좋겠지요.
몇일 전인가? 아침 조회 때에 한소녀와 링컨 대통령님의
이야기가 아직도 생각이 나요. 그소녀의 용기가 정말 대단하네요.
그쵸요? 저도 앞으로는 용기가 넘치는 아이가 되고 싶습니다.
방송시간 시간 마다 교장선생님께서 해주시는 말씀 항상
마음 깊이 새겨 봅니다.^-^ 항상 교장선생님 잊지
못할 꺼예요! 그리고 교장 선생님! 만수 무강하시고,
안녕히 계세요. 답장 해주시면 감사 하겠습니다.
그럼 이만 안녕히 계세요/2004.5.15 토요일.
-6-1 강신은 올림-

6학년 조혜민 편지

To 교장 선생님께.

안녕하세요. 조혜민 입니다

제가 6학년이 된지. 전교 부회장이 된지 벌써 2달이 지났네요.

교장 선생님을 보면 항상 저의 외 할아버지가 생각이 나요. 외 할아 버지 께서는 항상 교장선생님을 칭찬 하세요. 그런데 그 칭찬이 정말 교장 선생님께 맞는 말씀이신 것 같아요.

교장 선생님 께서는 정말 제 할아버지 같으세요.

친절하시고 항상 예절을 지키시고 겸손하신 할아버지 같으세요.

첫 방송 조회 때 잘 보살펴주시고 실수도 잘 고쳐 주셔서 감사해요.

제가 지금 이렇게 조회를 잘 할 수 있게 된것도 모두 교장선생님 덕분 인것 같습니다.

앞으로도 실수하지 않고 믿을 수 있는 전교 부회장이 되겠습니다.

실내 생활 3가지 약속을 지켜 모범이 되겠습니다

많이 부족 하지만 열심히 최선을 다하겠 습니다.

04.05.14 from 조 혜민 올림.

6학년 **서여진** 편지

당신과 함께 있는 시간이
왜 이리 짧게 느껴지는지 당신은 모르실 겁니다.

교장선생님께...

교장 선생님.

안녕하세요~. 저는 6-11반 서여진 이라고 합니다.

이렇게 까지 뵙게 되니 정말 기뻐요.

선생님께서 우리 학교에서 제일 멋있고
훌륭한 선생님 이십니다.

이렇게 편지를 쓰는 이유는
선생님께 드릴 말이 있어요.

선생님께서 우리 학교를 이끌어
가기 위해 열심히 하시는 것 다 알
아요. 그러니 6학년으로서 열심히 노력
할 께요~.

2001.5.15.화.

여진 올림...

6학년 권소연 편지

사랑이란.....

가끔씩은 사랑해서 마음이 아파...

이런게 사랑일까?

행복해야 하는데 왜 마음이 아픈걸까....

하지만 너에게 언제나 환하게 웃어주고 싶어...

3년이라는 세월을 되살리면서

안녕하십니까?

저는 6학년 권소연 입니다.

교장선생님께서 과정초등학교에 취임하신지가 3년이 다되어가네요.

그런데 정년 퇴임을 하신다고 하시니 너무 슬픕니다

제가 과정초등학교를 다니면서 지금 교장선생님이신 한시용 교장선생님이 제일 좋았습니다

방송조회시간에 좋은 말씀만 전해주시고, 항상 저희에게 친절하게 대해 주시고, 또 교장선생님께서는 저의 친할아버지 같은 생각도 들었어요

교장선생님께서 과정초등학교에 오시고 정과정 도서실도 새로 만들어 졌고 영어 영구 학교, KJ English Hub도 만들어져서 원어민도 오시고. 정말 좋은 학교가 되었어요.

그런데 교장선생님께서는 저희에게 선물만 해주셨지 저희가 선물을 드리지 못한것 같습니다.

6학년들은 1년밖에 남지 않았지만 남은 시간 동안 재미있게 학교생활을 하고 영어공부도 열심히 하여 좋은 추억을 많이 만들어서 자랑스런 2008년 과정초등학교 23회 졸업생이 되겠습니다.

사랑이란.....

가끔씩은 사랑해서 마음이 아파...

이런게 사랑일까?

행복해야 하는데 왜 마음이 아픈걸까....

하지만 너에게 언제나 환하게 웃어주고 싶어...

고장선생님께서 가을편지라는 제목으로 시집을 내셨잖아요.

시집을 읽어보니 내용이 너무 좋았어요.

퇴임하시면 시를 많이 적어서 또 책한권 내세요.

선생님이라는 마지막 교사 생활을 과정초등학교에서 하셔서 기쁘기도

하지만 떠나신다고 하니 한편으로는 슬프기도 합니다.

그럼 안녕히 가세요

2007. 7. 20

마지막 제자 권소연 드림

6학년 송송이 편지

Merry Christmas
& Happy Newyear

교장선생님께

안녕하세요 저는 6-6반에

송송이라고 합니다

아쉽습니다 이렇게 좋은

방여름 떠나야 한다니

몸건강하시구요 운전하시면

조심하세요.. 선생님!!

인기가 참 많으세요

To

그럼

이만 줄이겠습니다

From

송송이 올림

made in korea

Merry Christmas design,www.nt-tree.co.kr NS21044 느티나무 100

8 809056 810180

6학년 김영진 편지

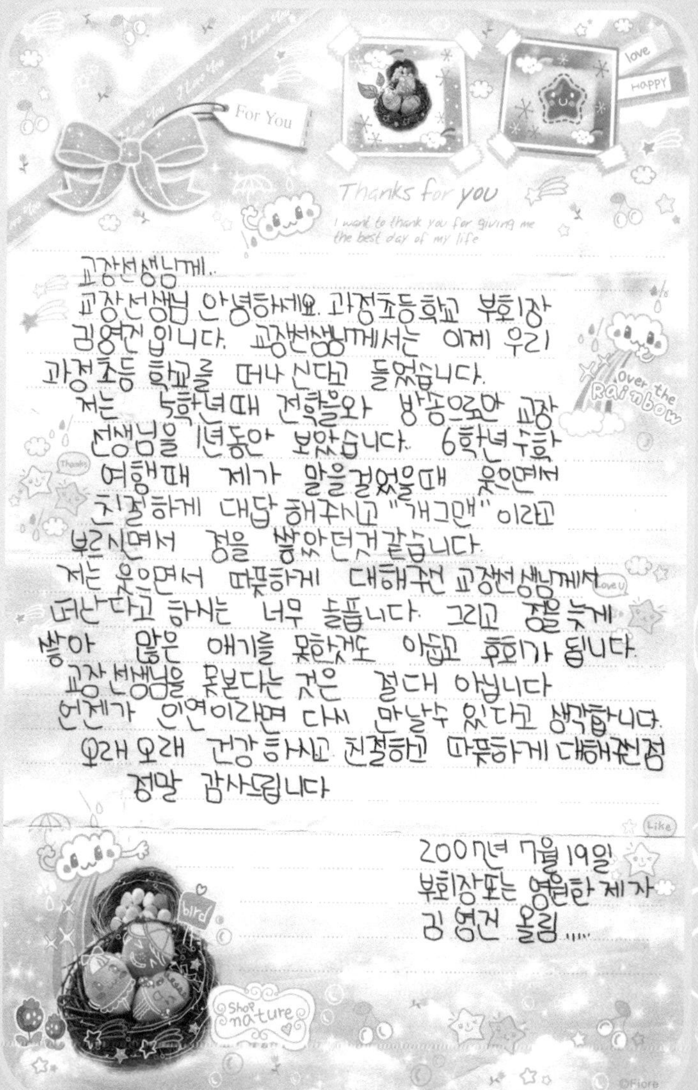

교장선생님께..

교장선생님 안녕하세요. 과정초등학교 부회장
김영진 입니다. 교장선생님께서는 이제 우리
과정초등 학교를 떠나 신다고 들었습니다.

저는 5학년때 전학을와 방송으로만 교장
선생님을 1년동안 보았습니다. 6학년 수학
여행때 제가 말을걸었을때 웃으면서
친절하게 대답 해주시고 "개그맨" 이라고
부르시면서 정을 쌓았던것같습니다.

저는 웃으면서 따뜻하게 대해주신 교장선생님께서
떠난다고 하시는 너무 슬픕니다. 그리고 정을 늦게
쌓아 많은 얘기를 못한것도 아쉽고 후회가 됩니다.

교장선생님을 못본다는 것은 절대 아닙니다
언제가 인연이라면 다시 만날수 있다고 생각합니다.

오래 오래 건강하시고 친절하고 따뜻하게 대해주신점
정말 감사드립니다

2007년 7월 19일
부회장또는 영원한 제자
김 영진 올림....

6학년 추선영 편지

6학년 추선영 편지

To. 교장 선생님. 께…

교장 선생님. 안녕하세요? 저 6-2 추선영이에요… 기억나세요? 수학여행때. 독립기념관에서 선생님이랑 팔짱끼고 간 학생입니다.. 킥킥

그때 선생님 딱 진짜로본거 처음이었는데 꼭 아는분 같았어요~ 착하고, 쉽게 얘기도 할수 있어서 말이에요. 이편지 혼자보길 바래요… 공개불가!!

스승의 날 완전. 축하드리고…… 언제까지나 학생들에게 존경받는 선생님 되세요~ ^^ 오래 오래 사세요.

사랑합니다.

6학년 **임소현** 편지

교장 선생님께 드리는 글…✓

6학년 3반 임소현

우리의 멋진 교장 선생님~! 화이팅~!

교장 선생님께…

교장 선생님~! 안녕하세요?

저는 6학년 3반 임소현이라고 합니다.

교장 선생님~ 교장 선생님께서는 제가 이때동안 만나본 교장 선생님 중에서 최고이셨어요…

처음 교장 선생님의 말씀을 방송에서 들었어요.

교장 선생님은 생각도 깊으시고, 아이들을 사랑하시는 교장 선생님 같아요!

저는요 커서 만약 선생님이 된다면 교장 선생님 같은 멋진 선생님이 될거에요…

저는요 꿈이 연기자에요… TV에 나오는~!

저는 그 꿈을 위해 노력할거에요.

교장 선생님~ 나중에 제가 TV에 나오면 꼭 봐주세요~ 얼마나 잘하는지…

교장 선생님~! 저는 교장 선생님을 못 잊을거에요

영원히 내 기억 속에 멋진 교장 선생님으로 남을거에요~

교장 선생님께서도 저 잊지 마세요~!

건강하시구요! 오래 오래 사시고, 행복하세요.

사랑해요~! ♡ (그리고요 저 방금 영어노래대회에서 상 받았어요… 비록 3등이지만..)

조회대 앞에 듬직하게 서계신 교장 선생님을 잊지 못할 겁니다. 힘내세요~! ^_^

-2007. 7. 20. 금요일-

-임소현 올림-

6학년 이수진 편지

교장선생님께... 6-3 이수진

안녕하세요? 저는 6-3 이수진 이라고 합니다. 저는 전학을 와서 교장선생님이 어떤분 이신지 잘 모르는데 아주 훌륭하신분 이라고 들었습니다. '가을편지'라는 시집을 보고, 많은 것도 깨닫게 되었는데 정년퇴임을 하셔서 안타깝습니다. 항상 웃으시던 그 미소 오래 오래 간직하시길 바랍니다. 또 *'항상 자기일에 최선을 다하라'는 말 꼭 잊지 않겠습니다. 앞으로는 교장 선생님 생각하면서 공부를 열심히 해서 사회에 도움되는 사람이 되고, 저의 꿈을 위해 노력하겠습니다. 또 항상 긍정적인 생각을 가지고 행동하는 사람이 되겠습니다 영어에 많은 관심을 가지고 적극참여 하겠습니다 교장 선생님의 훌륭하신 가르침 때문에 교장 선생님을 잊지 못할 것 같습니다. *안타깝지만 안녕히가세요.! 이 때 까지 많은 가르침 정말 고맙습니다!

-수진 올림-

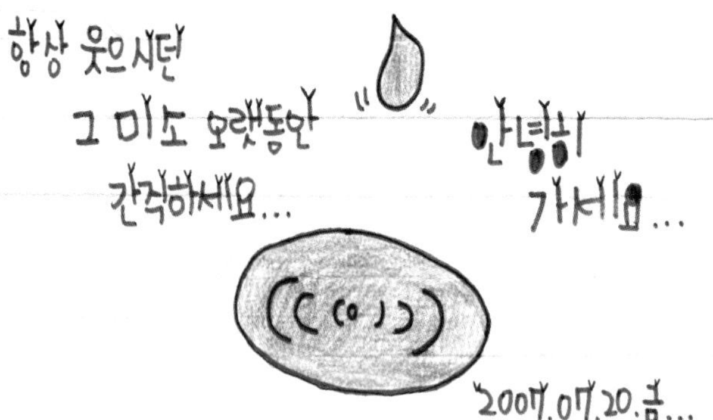

6학년 김민찬 편지

한 한국에서 제일가는

시 시인

용 용기를 내어 우리 곁을 떠납니다.

시인

우리의
영원한 선생님

교장선생님은
영원한 시인

한시용
이 세 글자
너무
자랑스럽다

어딜가든
우리마음에
남아있는
영원한 시인

우리를
가르쳐 준
선생님들의대장

덕성초등학교 졸업생 **지미진** 편지

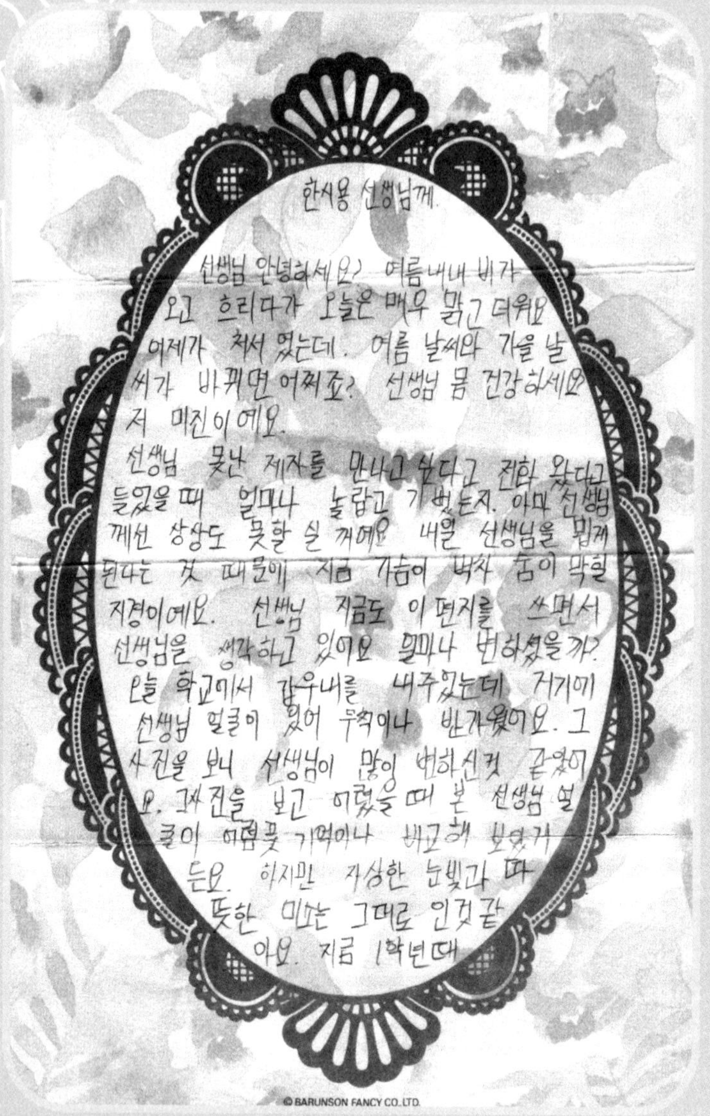

한시용 선생님께.

선생님 안녕하세요? 여름내내 비가
오고 흐리다가 오늘은 매우 맑고 더워요
어제가 처서 였는데. 여름 날씨와 가을 날
씨가 바뀌면 어쩌죠? 선생님 몸 건강하세요
저 미진이예요.
선생님 못난 제자를 만나고 싶다고 전화 왔다고
들었을 때 얼마나 놀랍고 기뻤는지. 아마 선생님
께선 상상도 못할 실 꺼에요 내일 선생님을 뵙게
된다는 것 때문에 지금 가슴이 벅차 숨이 막힐
지경이에요. 선생님 지금도 이 편지를 쓰면서
선생님을 생각하고 있어요 얼마나 변하셨을까?
오늘 학교에서 감우내를 내주었는데 거기에
선생님 얼굴이 있어 무척이나 반가웠어요. 그
사진을 보니 선생님이 많이 변하신것 같았어
요. 그사진을 보고 어렸을때 본 선생님 얼
굴이 어렴풋 기억이나 비교해 보았거
든요. 하지만 자상한 눈빛과 따
뜻한 미소는 그대로 인것같
아요. 지금 1학년때

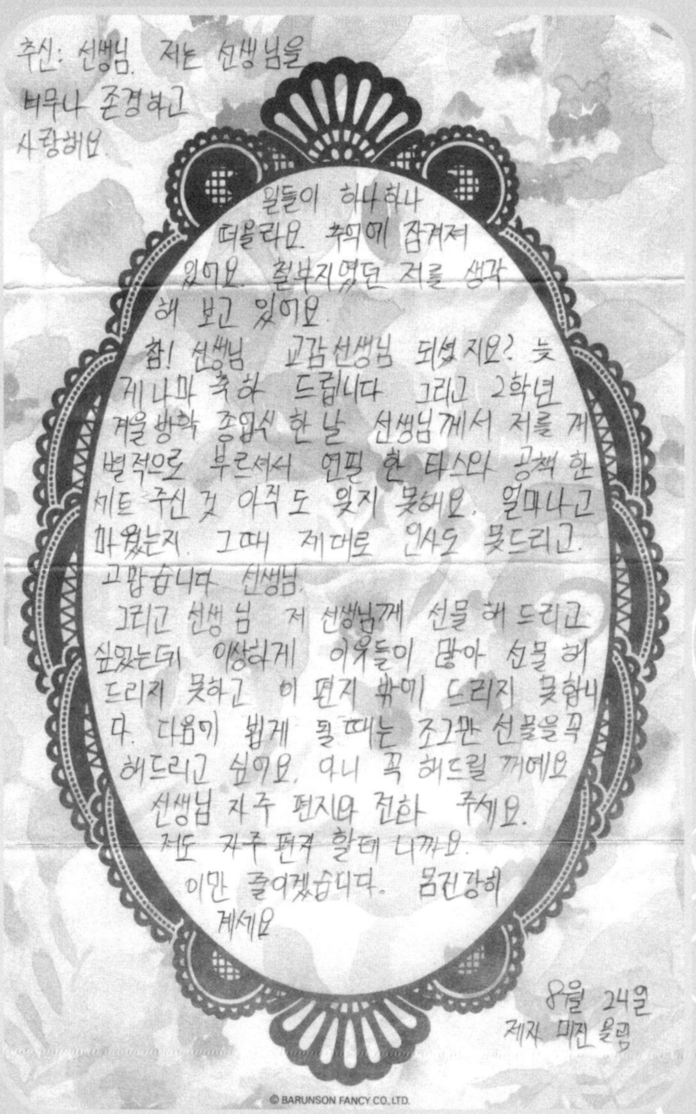
추신: 선생님. 저는 선생님을
너무나 존경하고
사랑해요.

옛일들이 하나하나
떠올라요. 추억에 잠겨져
있어요. 철부지였던 저를 생각
해 보고 있어요.
참! 선생님 교감선생님 되셨지요? 늦
게나마 축하 드립니다 그리고 2학년
겨울방학 종업식 한 날 선생님께서 저를 개
별적으로 부르셔서 연필 한 타스와 공책 한
세트 주신 것 아직도 잊지 못해요. 얼마나 고
마웠는지. 그때 제대로 인사도 못드리고.
고맙습니다 선생님.
그리고 선생님 저 선생님께 선물 해 드리고
싶었는데 이상하게 이유들이 많아 선물 해
드리지 못하고 이 편지 밖에 드리지 못합니
다. 다음에 뵙게 될 때는 조그만 선물을 꼭
해드리고 싶어요. 아니 꼭 해드릴 꺼에요
선생님 자주 편지와 전화 주세요.
저도 자주 편지 할테니까요.
이만 줄이겠습니다. 몸건강히
계세요.

8월 24일
제자 미진 올림

© BARUNSON FANCY CO.,LTD.

회상의
나래
飛蓋

동료와 주고 받은 격려의 편지

교사 김인화 선생님 편지

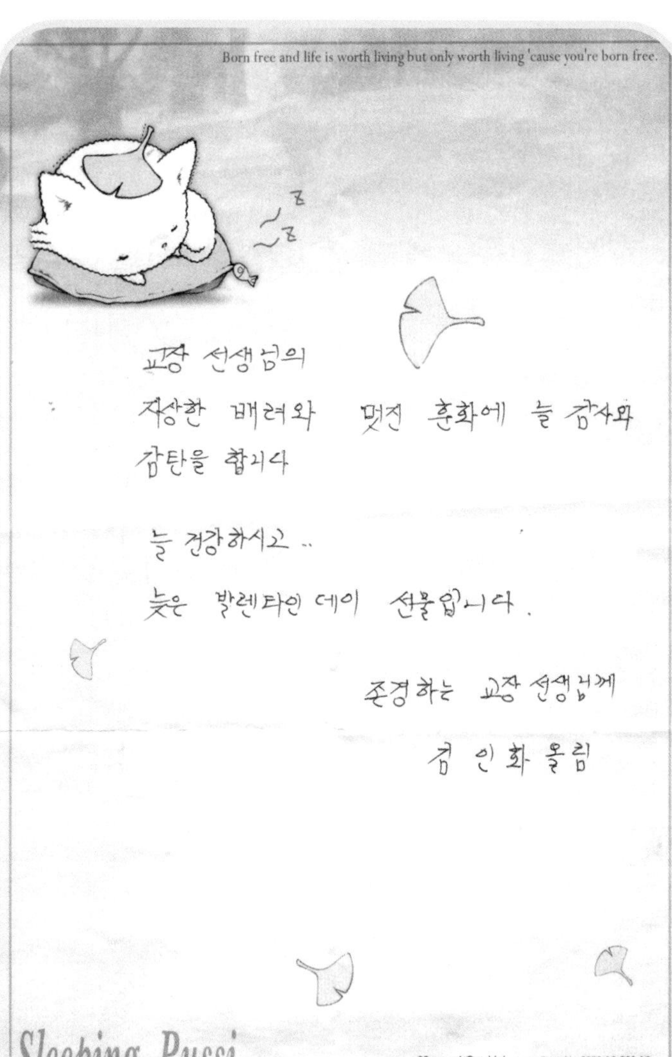
Born free and life is worth living but only worth living 'cause you're born free.

교장 선생님의

자상한 배려와 멋진 훈화에 늘 감사와

감탄을 합니다

늘 건강하시고..

늦은 발렌타인 데이 선물입니다.

존경하는 교장 선생님께

김 인 화 올림

〈칭찬합시다 릴레이〉 교사 최중환 선생님 편지

교장선생님 우리 교장선생님

▫번호 : 11 ▫작성자 : 최중환 ▫E-mail : fani@hanmir.com
▫조회수 : 27 ▫작성일 : 2000-06-01 07:26:38 ▫IP : 210.220.154.118

갑작스런 연락에 가슴이 쿵쾅거렸습니다

아무 것도 내세울 것 없는 저에게 이런 칭찬은 어울리지가 않은 것 같아 부끄럽기만 합니다 그동안의 교직 생활을 돌이켜 보고 반성할 수 있는 계기를 마련해 주신 최호준 선생님께 감사드립니다 아무리 생각해도 부끄러움을 감출 수가 없네요. 뭐 하나 잘 한 게 있어야지요? 앞으로 잘 하라는 채찍으로 알고 바르고 성실하게 교직 생활에 임하겠습니다

저는 본교(반여초) 한시용 교장선생님을 칭찬해 드리려 합니다
(속이 보이는 아부를 하는 것 같아 몇 번을 망설였습니다.)

관리자 분들은 보통 겉으로 드러나는 부분을 치장하려 하시는 것을 흔히 볼 수 있는데
우리 교장선생님을 한마디로 표현하자면 내실을 충실히 다지시는 분이십니다

눈에 보이거나 보이지 않거나 투자 비용에 비해 덩치(겉으로 드러나는 전시효과)가 크거나 작거나 가리지 않으시고
그것이 건설적인 제안인가? (<-->그것이 대외적으로 얼마나 전시적인 효과가 있는가?)
그것이 교육적인가? (<-->그것이 개인의 명예에 보탬이 되는가?)
그것이 아동과 선생님들의 복지에 얼마나 기여하는가?
를 먼저 생각하신다는 것입니다

교장선생님을 뵈고 있노라면 옛 선비들의 모습을 보는 듯 청렴하시고 또, 언제나 아동들과 선생님들의 불편 사항을 해결해 주시려는 따뜻한 마음을 느낄 수 있어 참으로 행복합니다 이렇게 인자하고 훌륭하신 분을 가까이에 모실 수 있다는 건 저의 행운이 아닐 수 없겠지요.

아랫 사람의 의견을 모두 허용적으로 받아들이시고 뜻하신 일은 추진력있게 소리 없이 행하시고 특히, 우리 교장선생님으로 부터 받는 강렬한 인상 중에 하나는 미적 감각과 공간을 활용하는 감각이 아주 탁월하시다는 겁니다 주차장으로만 활용되던 공간을 아동들의 놀이터로 바꾸시고 실내의 여러가지 너저분한 것들을 말끔히 정리해서 아주 쾌적하고 깔끔한 공간으로 바꾸시는 등 수많은 예들을 찾아 볼 수 있습니다

그동안의 업적을 보면 우리 교장선생님을 칭찬해 드릴 일은 수천가지인데 워낙 글 솜씨가 없어 더 내려갔다간 도리어 역효과가 날 것 같아 여기서 줄이겠습니다

다른 분들이 글을 읽으시면서
"우와! 이건 좀 심하군, 아부성이 "
하고 생각하실 수도 있겠습니다만 저의 느낌을 그대로 적은 것임을 말씀 드립니다

저의 바램이 있다면
"교장선생님! 우리 학교 만큼 젊은 선생님들이 많은 학교도 드물다고 생각합니다 많다보니 그런지는 몰라도 젊은 선생님들과 함께하는 시간 또한 드문 것 같습니다 같이 한 시간이 적다보니 사이의 관계 또한 서먹서먹한 것 같고 그러다보니 교장선생님께 터 놓을 말씀도 쌓이고 있는 듯합니다 그러니 늘 바쁘시겠지만 교장선생님 우리들 하고 같이 좀 놀아주십시오."

교장선생님 항상 건강하시고 행복하시길 기원합니다

감사합니다 2000년 6월 첫날 아침에

〈칭찬합시다 릴레이〉 작가의 편지

멋있고 책임감이 강한 총각선생님		
▫번호 : 12	▫작성자 : 한시용	▫E-mail :
▫조회수 : 73	▫작성일 : 2000-06-14 10:44:21	▫IP : 210.90.208.249

숫제
당연히 해야할 일을 …
별것도 아닌 소성으로 칭찬을 받고 보니 내가 무심코 하는 크고 작은 일들이 이렇게 누군가에 의해 평가를 받게 되고 또 관심있게 지켜보는 이가 있구나 하는 묘한 감정이 솟구쳐 흐트러진 마음을 다시한번 바로잡는 계기가 되어 성원을 보내준 최중환 선생님께 감사의 말씀을 드립니다.

"여자는 사랑하는 사람을 위하여 목숨을 바치고 남자는 자기를 알아주는 사람을 위하여 목숨을 바친다 "고 하였던가? 본연의 소임을 더욱 충실히 함으로써 분에 넘친 칭찬의 말씀에 보답코자한다

제가 칭찬하고 싶은 사람은 본교(반여초등학교)에 근무하는 연재룡 총각선생님입니다
「칭찬합시다」가 우리학교에 오래 머물러 다음을 기다리는 분들께 송구스런 마음 금할 수 없으나, 본교 연재룡 선생님을 칭찬하지 않고서는 두고두고 후회가 될 것 같아 1분 양해를 구합니다

우리 연재룡 선생님은 이곳이 초임(신규)임에도 불구하고 젊은 패기로써 열과 성의를 다하며 배우면서 적극적으로 교육에 헌신하는 장래가 매우 촉망되는 모범교사입니다.

교육 경력 2년의 햇병아리 교사답지 않게 침착하고 매사에 긍정적이고 봉사정신이 강해서 교육자로서 아주 잘 어울리는 재목임에 틀림이 없습니다

심신이 건강하여 학생지도에 소홀함이 없고
그래서 학생들이 잘 따르고
인성이 부드러워 어려운 일 도맡아 하고
그래서 선배들의 칭송이 자자하고
책임감이 강하여 항상 근무자세가 바르고
그래서 학교가 발전하고
마음이 넉넉해서 성낼 줄 모르고
그래서 남을 즐겁게 하고

하여튼
멋있는 총각 선생님입니다.

오늘 아침에도 일찍 출근하여 이천팔백명의 등하교길인 교문밖 100m 아스팔트길을 땀을 뻘뻘흘리며 쓸고 정리해서 흐뭇한 얼굴로 교실로 향하는 그 모습은 내만이 느끼고 있는 편애의 감정일까?

당년 28세 총각선생님!
장가는 언제쯤 갈려누?
애인 없다는 말 사실로 듣고
널리 알뜰 규수를 찾아 천거하고 싶으니

더욱 열심히하여
훌륭한 교사로 크기 바란다

〈칭찬합시다 릴레이〉 교사 연재룡 선생님 편지

마음속의 선배님		
▫번호 : 13	▫작성자 : 연재룡	▫E mail : yong1112@hanimail.com
▫조회수 : 30	▫작성일 : 2000 07 04 16:05:48	▫IP : 210.90.208.229

반여초등학교 연재룡입니다
이제 발령 받은지 2년 반정도 되는 그야말로 햇병아리교사입니다
그리 열심을 내지도 못하고 어느덧 타성에 젖어 가는 제 모습을 느끼며 반성하고 있는 요즈음 우리 학교 교장선생님이신 한시용 교장선생님께서 위와 같이 칭찬해 주심은 저에게는 너무나 분에 넘치는 칭찬임을 느끼고 그것이 저뿐 아니라 우리학교 모든 신규선생님들에 대한 칭찬임을 확신하며 감사의 마음을 전합니다
반여초등학교가 첫 근무지인 제게는 선배선생님들의 훌륭하신 모습이 바로 교과서이며 마음속 깊이 새겨지는 가르침입니다 그런 모습의 선배님들이 무척 많았지만 그 중에서도 가장 제 마음속의 선배이자 모범적인 모델이 되는 분이 계십니다 지금은 민락초등학교에 계시는 김운홍 선생님이 그분입니다 처음 발령을 받아 학교를 찾았을 때 환한 모습으로 반겨주시던 모습을 아직도 잊을 수 없음이 바로 그 이유입니다
일을 하시는데 너무나 원숙하여 모든 일 처리에 거침이 없고
거침없는 가운데서도 다른 이들에게 편안함을 주어 누구나 같이 하고 싶은 마음을 가지게 하며 일을 같이 하게 되면 유머와 특유의 재치로 즐거움이 넘치게 하며
그런 모습 속에서도 교육에 대한 진지함과 아이사랑의 마음을 느끼게 하는 그런 분입니다

음악을 느낄 줄 알고 운동의 즐거움을 알고 심취하는 풍류객이면서도 자기 관리가 철저한 분이죠 자기관리에 철저하다 보면 대인관계가 부드럽지 못할 수도 있으련만 매사에 원만하고 공평하여 누구나 친밀함을 느끼고 훤칠한 키에 부드러운 매너로 또한 멋이란 이런 것이구나 하고 느끼게 하는 그런 분입니다
항상 패기와 자신감이 넘치고 분위기와 참멋을 알고 지금 자신의 자리를 너무나 잘 알면서도 먼 곳을 내다보며 용왕매진하는 모습은 그때부터 지금까지 그리고 앞으로도 제 마음속에 소중한 가르침이며 따르고 싶은 모습이 될 것입니다
무엇하나 제대로 아는 것 없이 황무지에서 우왕좌왕하던 2년전, 이정표를 보여주고 깃대를 세워주며 항상 따뜻한 배려로 도와주고 이끌어 주시던 김운홍 선생님께 제 감사의 마음을 전합니다
이제야 감사의 말씀을 드리고 그동안 연락드리지 못한 점 죄송스럽게 생각하지만 이해해주시리라 믿으며 항상 건강하시고 매사에 강건하시길 소망합니다
김운홍 선생님, 운홍 형님!!!! 언제 술 한잔 사주십시오.

회고사

회고사

21세기 주인공이 될 본교 제59회 졸업생들의 영예의 졸업을 축하하기 위하여 공사간 바쁘신데도 이 자리에 참석하여 주신 내빈여러분과 6년동안 한결 같이 협조와 이해로써 광일초등학교 교육발전을 위하여 성원을 아끼지 않으셨던 여러 학부모님들에게 이 자리를 빌어 깊은 감사의 말씀을 드리고 새해에도 건강하시고 하시는 일마다 신의 가호가 가득 내리시기를 기원합니다.

사랑하는 졸업생 여러분! 진심으로 졸업을 축하합니다.

돌이켜보건데 6년 전 여러분들은 어머니 손을 잡고 두려움과 설레임으로 교문을 들어섰을 때에만 해도 철부지 였었는데 그 동안 학교 생활을 통해서 몸과 마음이 몰라보게 튼튼해 졌고 많은 지식을 쌓아 오늘 의

젓한 모습으로 빛나는 졸업장을 받게 되었습니다.

오늘 여러분들이 받은 졸업장과 상장은 6년동안 어려운 순간순간들을 꼭 참고 꾸준히 노력한 결과의 증표인 동시에 그 졸업장속에는 훌륭하신 선생님들의 가르침과 하늘보다 더 높은 부모님의 은혜와 바다보다 더 넓은 이 지역사회 여러분들의 깊은 사랑이 가득 숨어 있다는 것을 깨닫고 언젠가는 훌륭한 사람이 되어서 그 은덕에 꼭 보답해야 되겠습니다.

몇 시간 후면 정든 이 광일의 배움터에서 떠날 졸업생 여러분들에게 마지막으로 당부드리고 싶은 말은

첫째 상항 배우는 일에 최선을 다하여 주시기 바랍니다 이 세상에서 가장 현명한 사람은 평생토록 배우며 사는 사람이라고 했습니다.

미국의 16대 링컨대통령은 초등학교 1학년 밖에 못 다녔지만 그는 언제나 책을 가까이 하였고 그가 만나는 모든 사람의 말에서, 행동에서, 충고에서 많은 것을 배우고 미국역사상 가장 위대한 대통령이 되었습니다.

여러분들도 원대한 꿈과 희망을 갖고 책을 스승으로 삼아 평생을 배우며 사는 현명한 사람이 되어주시

기를 바랍니다.

둘째는 여러분들은 이 세상에서 가장 존귀한 존재임을 알고 모든 일에 자신감을 갖고 노력해야 하겠습니다. 집을 짓는 데에는 시멘트만 필요한 것이 아니라 나무도 필요하고 철근도 필요하고 못도 필요하고 수십종류 수백가지 물품들이 필요하듯이 여러분들도 우리사회의 어떤 분야를 책임 질 아주 소중한 존재들입니다.

만약 여러분 가운데 〈나는 부모님이나 선생님으로부터 꾸중을 자주 들어서 가망이 없는 사람이다. 또는 나는 시험을 보면 50점이상 넘은 적이 없기 때문에 50점짜리 사람이다. 또는 나는 키도 작고 얼굴도 못나고 친구들에게 인기도 없고 해서 못난 사람이다.〉 이런 바보같은 생각을 하는 사람이 있다고 하면 그 바보같은 생각을 지금 이 시간에 이 자리에서 싹 버리고 저 교문을 나가시기 바랍니다.

이 세상에는 영원한 것은 없으며 여러분의 노력여하에 따라 새로운 모습으로 변할 수 있다는 것을 알고 어떠한 어려움이 있더라도 희망을 가지고 소중한 자기 자신을 멋있게 가꾸어 가시기 바랍니다.

셋째로 부탁드리고 싶은 점은 겸손한 사람이 되어 주시기 바랍니다. 배운 것이 많으면 많을수록 가진 것이 많으면 많을수록 높은 곳으로 올라가면 올라갈수록 자기를 낮추는 사람이 되어야 하겠습니다.

사도 바울은 "모든 일에 감사하라" 하였습니다.

밥을 먹을 때에도 누군가에게 감사하고

잠을 잘 때에도 누군가에게 감사하고

물건을 사면서도 누군가에게 감사하고

이렇게 모든 일에 감사 드리고 자기자신을 낮출 때 하늘도 땅도 믿는 신도 여러분의 편에 서서 돕게 될 것입니다.

아무쪼록 여러분 모두 건강하시고 무럭무럭 잘 자라서 이 나라에 없어서는 아니 될 훌륭한 일꾼이 되어 주시기를 간절히 바라며 앞날에 무궁한 행운과 성공과 영광이 있기를 축원하며 회고사에 갈음합니다.

감사합니다.

연 보

■ 출생 및 가족

- 1945년 5월 14일(음력)
  청주 한씨 33세 아버지 재문공과 연주 현씨 을생의 장남으로 제주 서귀읍 보목리에서 출생

- 1976년 2월 9일
  성주 이씨 상수공의 장녀 회영과 결혼
  (당시 경남 밀양시 수산국민학교 교사)

- 1976년 11월 16일
  장남 정민 출생

- 1980년 1월 26일
  차남 정화 출생

- 2011년 5월 22일
  차남 정화 밀양 박씨 부돌 처사님의 차녀 혜경과 결혼

- 2015년 4월 6일
  손자 유준 출생

- 2016년 10월 28일
  손녀 채원 출생

- 2020년 10월 31일
  장남 정민 경기도 광주 이씨 명재님의 장녀 주하와 결혼

■ 학력 및 경력

- 1952년 3월 1일~1958년 2월 28일
  보목국민학교 수학

- 1958년 3월 1일~1961년 2월 28일
  서귀중학교 수학

- 1961년 3월 1일~1964년 2월 28일
  제주사범학교 수학

- 1963년 12월 31일
  무시험검정 국민학교 2급 정교사 자격 취득

- 1964년 5월 1일~1991년 8월 31일

  경남 이남국민학교 교사
  진북국민학교 교사
  일동국민학교 교사
  우암국민학교 교사
  산내국민학교 교사
  동광국민학교 교사

  부산 삼광국민학교 교사
  덕성국민학교 교사
  화명국민학교 교사

- 1973년 3월 2일~1975년 2월 28일
  한국방송통신대학 수학

- 1990년 8월 27일
  국민학교 교감 자격 취득

- 1991년 9월 1일~1993년 8월 31일
  부산 안남국민학교 교감

- 1993년 9월 1일~1994년 8월 31일
  부산 연신초등학교 교감

- 1994년 9월 1일~1998년 8월 31일
  부산광역시 교육청 장학사

- 1997년 8월 26일
  초등학교 교장 자격 취득

- 1998년 9월 1일~1999년 8월 31일
  정관초등학교 교장 역임

- 1999년 9월 1일~2002년 2월 28일
  반여초등학교 교장 역임

- 2002년 3월 1일~2003년 8월 31일
  부산광역시 교육과학연구원 교육연구부장
  (교육연구관) 역임

- 2002년 8월 21일
  교감자격연수(생활지도) 강연 출강

- 2003년 3월 1일
  우리들은 1학년 편찬 연구위원

- 2003년 3월 1일
  사회과탐구 부산의 생활(4-1) 편찬 연구위원

- 2003년 8월 22일
  교감자격연수(연구학교운영) 강연 출강

- 2003년 9월 1일~2005년 2월 29일
  광일초등학교 교장 역임

- 2005년 3월 1일~2007년 8월 31일
  과정초등학교 교장 역임

- 2007년 8월 31일
  정년퇴임

■ 수 상

- 1952년 3월 1일~1958년 2월 28일
  보목국민학교 6년간 우등상 및 개근상 수상

- 1961년 3월 25일
  서귀중학교 졸업식 선행상 수상

- 1975년 10월 18일
  보이스카우트 우수지도자 교육감 표창 수상

- 1976년 9월 15일
  교육연구논문 최우수 입상 경남교육감상 수상

- 1982년 8월 9일
  과학전시회 특상 경남교육감상 수상

- 1985년 12월 5일
  국민교육헌장 선포기념 문교부장관 표창 수상

- 1993년 9월 1일
  교육자료 전시회 특상 부산직할시 교육감상 수상

- 1996년 12월 20일
  학교체육활동유공 교육부장관 표창 수상

- 2007년 8월 31일
  정년퇴임 황조근정훈장 수상

- 2019년 12월 17일
  실상문학상 작가상 수상

- 이외 다수의 상과 표창 수상

■ 등단 및 저서

- 1966년 교육자료 7월호 교자문원「봄소녀」
  미당 서정주 시인 1회 추천

- 1966년 교육자료 10월호 교자문원
  「황혼이 올 때」 미당 서정주 시인 2회 추천
  ※군 복무 관계로 천료 작품을 못 내었음

- 1994년 11월 교육자료 교자문원 시 천료
  (가을편지, 폭포, 그믐달) 김종상 시인 추천

- 2007년 5월 10일 시집「가을편지」 펴냄

- 2013년 12월 30일
  실상문학 시조부문 (돌집, 불통, 비 내리는 산사)
  신인상 등단

- 2014년 9월 23일
  제1 시조집「구구는 알아도 팔십일은 모른다」 펴냄

- 2016년 4월 5일
  제2 시조집「사랑아」 펴냄

- 2019년 01월 25일
  제3 시조집「장산의 위무」 펴냄

- 2020년 08월 20일
  제4 시조집「뜨는 것이 지는 것이요 지는 것이 뜨는 것이다」 펴냄

- 2022년 03월 14일
  제5 시조집「회상의 나래」 펴냄

올 레

한 시 용 작사
현 천 량 작곡

회상의 나래

인쇄일 2022년 3월 15일
발행일 2022년 3월 18일

지은이 한시용
펴낸이 박철수
펴낸곳 도서출판 해암

등록번호 제325-2001-000007호
주소 부산시 중구 대청로 138번길 9 (대원빌딩 302호)
전화 051)254-2260
팩스 051)246-1895
메일 haeambook@daum.net

ISBN 978-89-6649-221-3 03810

값 12,000원